yukismart.com/b/68d8a6
AF292009
1
2

1

ananas

ananas

guitare

gitara

2

deux

dwa

dinosaures

dinozaury

jumeaux

bliźnięta

3

trois

trzy

étoiles de mer

rozgwiazdy

pêches

brzoskwinie

4

quatre

cztery

cerises

wiśnie

robots

roboty

5

cinq

pięć

doigts

palce

crayons

ołówki

6

six

sześć

bonbons

cukierki

cœurs

serca

sept

siedem

coquillages

muszle

cubes

klocki

8

huit

osiem

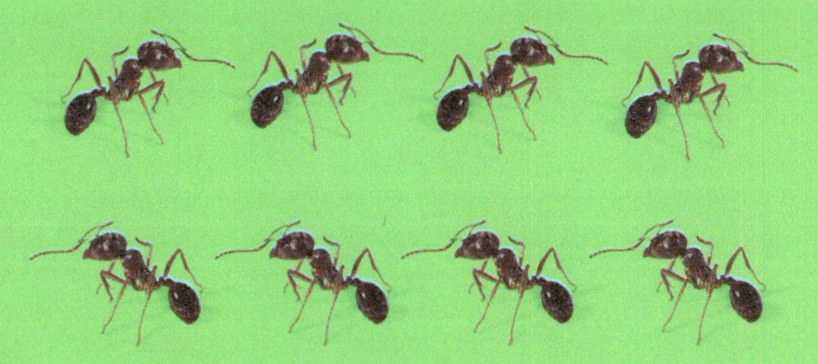

fourmis

mrówki

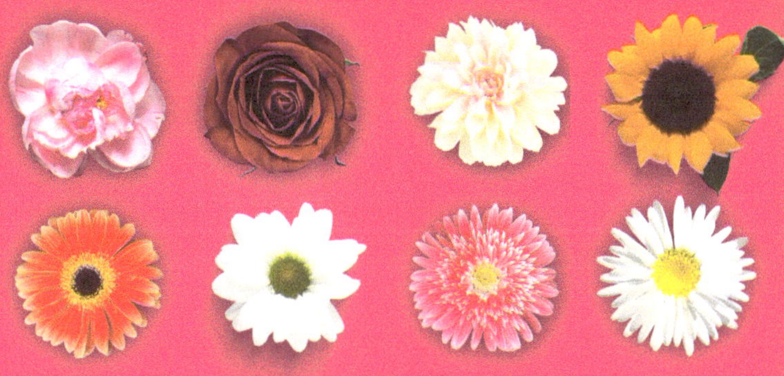

fleurs

kwiaty

9

neuf

dziewięć

poissons

ryby

boutons

guziki

10

dix

dziesięć

bougies

świeczki

œufs

jajka

2 4 6 8 10

pair

parzysty

1 7
3
9
5

impair

nieparzysty

entier

cały

moitié

połowa

rouge

czerwony

parapluie

parasol

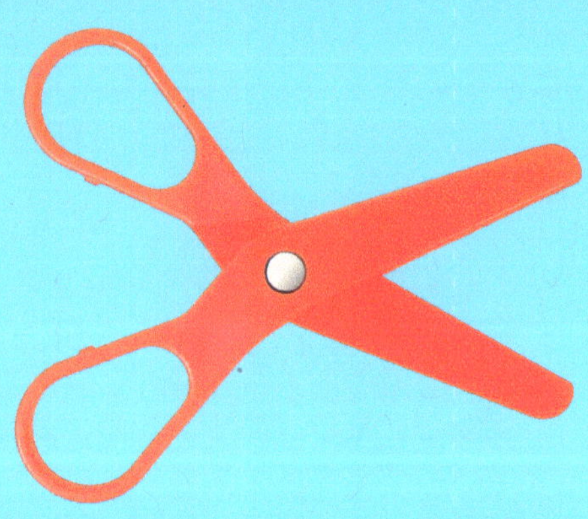

ciseaux

nożyczki

jaune

żółty

banane

banan

fromage

ser

vert

zielony

légumes

warzywa

bouteille

butelka

gris

szary

tapis

dywan

plume

pióro

orange

pomarańczowy

citrouille

dynia

jus d'orange

sok pomarańczowy

blanc

biały

tasse

filiżanka

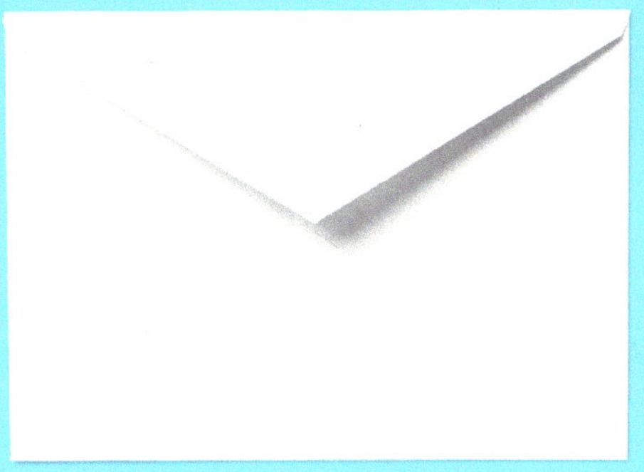

enveloppe

koperta

noir

czarny

lunettes

okulary

chemise

koszula

marron

brązowy

violon

skrzypce

gâteau

ciasto

bleu

niebieski

short de bain

kąpielówki

lunettes de natation

okulary do pływania

rose

różowy

glace

lody

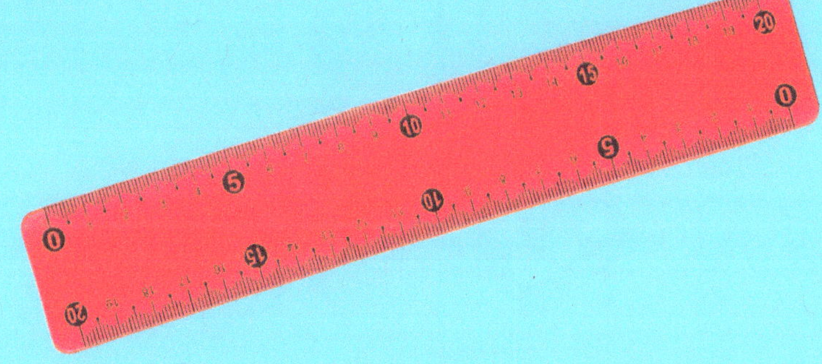

règle

linijka

violet
fioletowy

dés
kostki do gry

éventail
wachlarz

couleurs claires

jasne kolory

couleurs foncées

ciemne kolory

rond

koło

carré

kwadrat

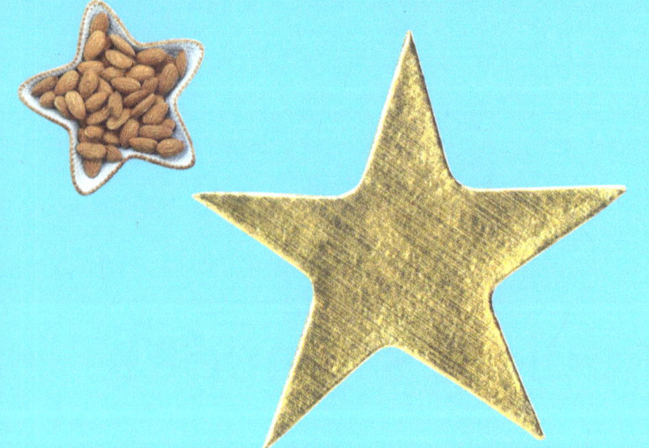

étoile

gwiazda

cœur

serce

croissant

półksiężyc

triangle

trójkąt

rectangle

prostokąt

ovale

owal

goutte

kropla

croix

krzyżyk

cube

sześcian

sphère

kula

anneau

pierścień

trèfle

koniczyna

cylindre

walec

cône

stożek

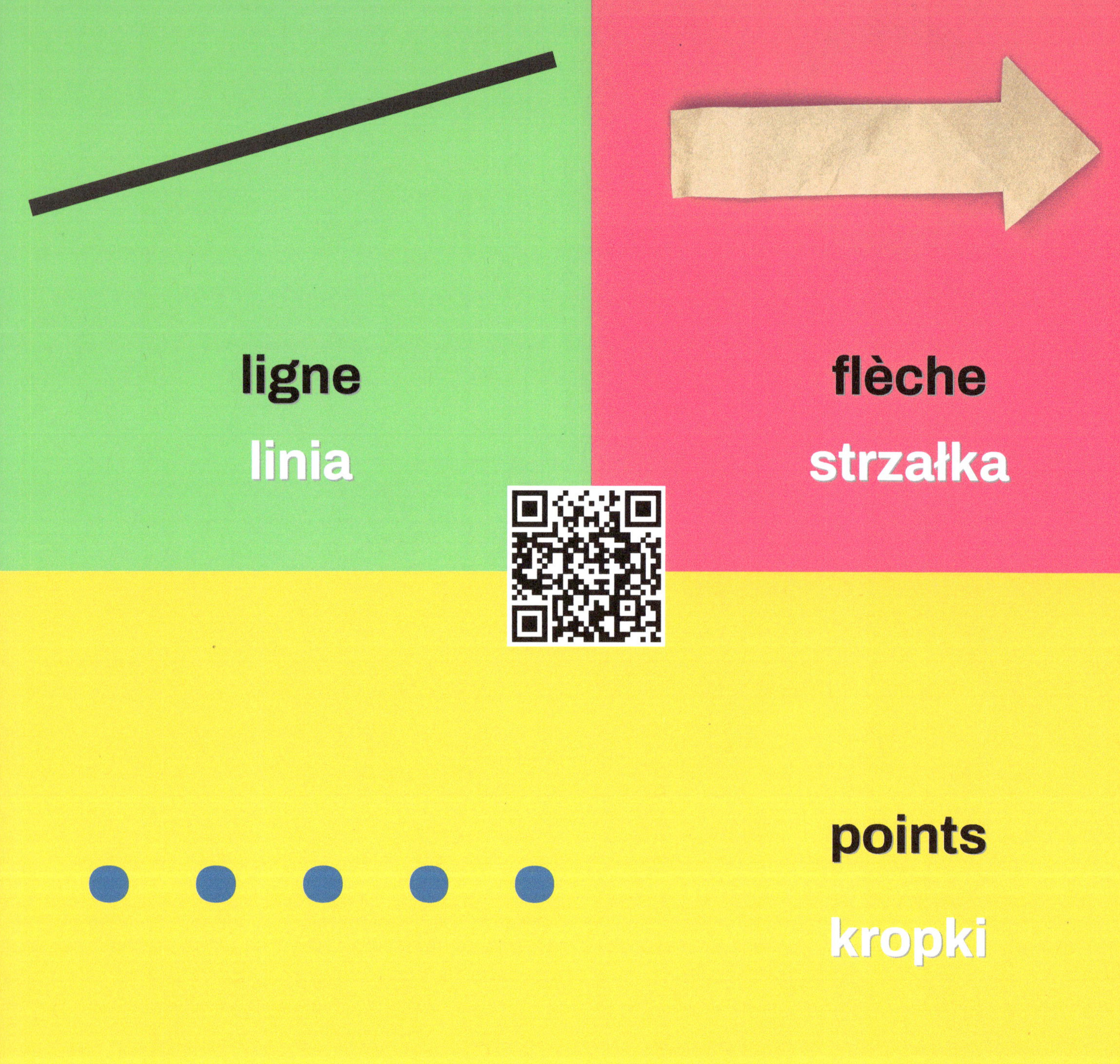

ligne
linia
flèche
strzałka
points
kropki

zigzag

zygzak

courbe

krzywa

spirale

spirala

dessiner

rysować

peindre

malować

compter

liczyć

écrire

pisać

petit

mały

grand

duży

souris

mysz

éléphant

słoń

court

krótki

long

długi

ver

robak

serpent

wąż

mince

cienki

épais

gruby

vide

pusty

rempli

pełny

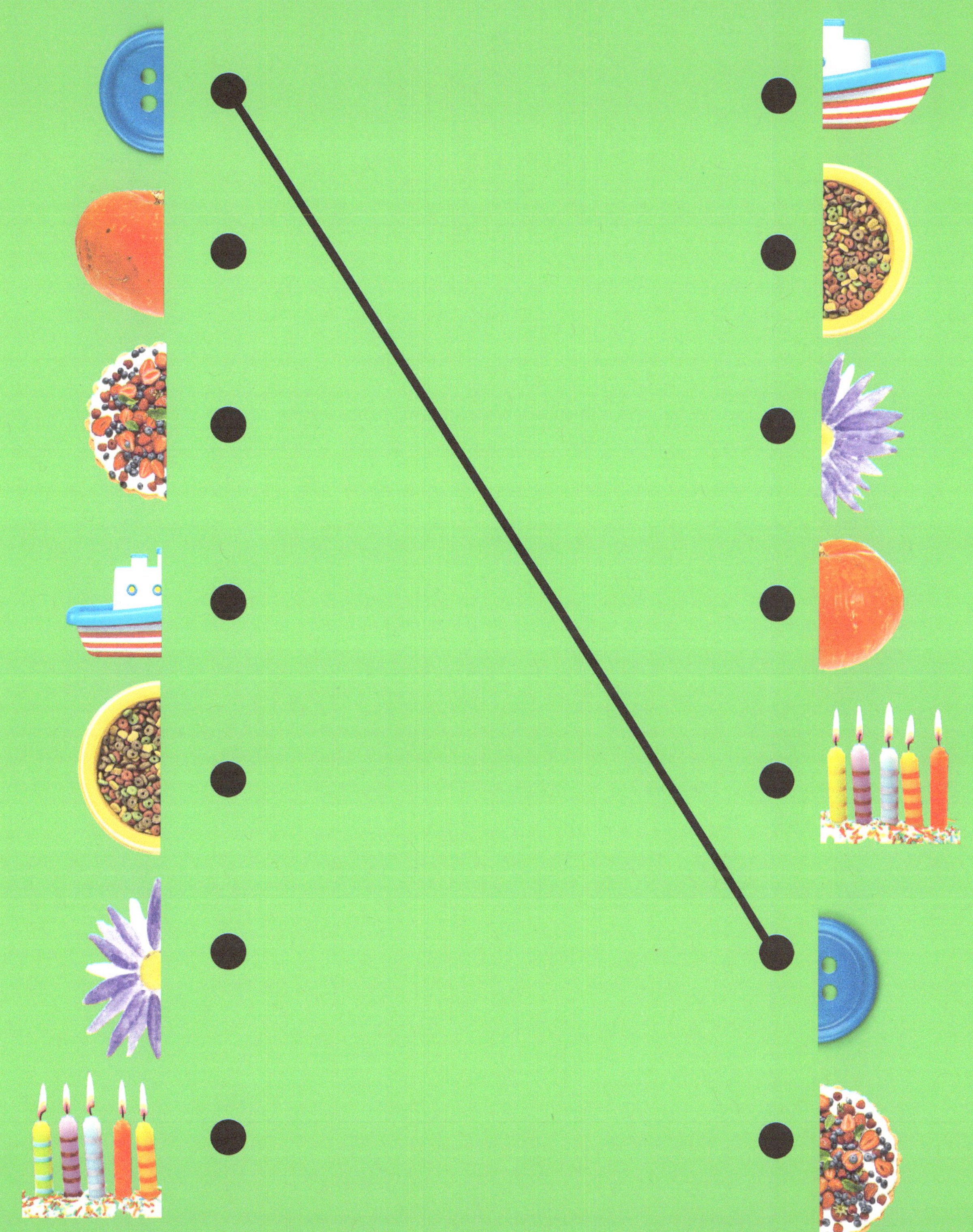

Milton Keynes UK
Ingram Content Group UK Ltd.
UKHW050103150823
426878UK00002B/79

9 782384 121465